Short dialogues in Spanish for novices and beginners Vol II

by Laura Cruz

ÍNDICE

INTRODUCTION:

We know how difficult it is to start studying a language, that is why we have prepared some basic dialogues that will help you to start learning Spanish and feel that you can defend yourself in different usual situations.

All the dialogues are written in Spanish and English.

At the end of the book, you will find a downloadable audio link so you know how to pronounce each sentence correctly.

All you have to do is read, listen and memorize.

If you repeat these sentences, you will integrate them into your brain as something natural.

In addition, you can also find grammar and pastime.

It's fun, it's easy, you can do it!

INTRODUCCIÓN:

Sabemos lo difícil que es comenzar a estudiar un idioma, es por eso que hemos preparado algunos diálogos básicos que te ayudarán a comenzar a aprender español y sentir que puedes defenderte en diferentes situaciones habituales.

Todos los diálogos están escritos en español e inglés.

Al final del libro, encontrarás un enlace de audio descargable para que aprendas cómo pronunciar correctamente cada oración.

Todo lo que tienes que hacer es leer, escuchar y memorizar.

Si repites estas frases, las integrarás en tu cerebro como algo natural.

Además, puedes encontrar gramática y pasatiempos.

Es divertido, es fácil, ¡puedes hacerlo!

More than a hundred usual phrases for beginners. Don't lose this opportunity. Learn Spanish is easy. Speak Spanish is fun. Study Spanish is possible.

DIÁLOGO UNO

EN LA RECEPCIÓN DEL HOTEL.
AT THE HOTEL RECEPTION.

Ana y Ricardo llegan al hotel donde tienen reservada una habitación para dos personas.

Ana and Ricardo arrive at the hotel where they have reserved a room for two.

Ricardo:

—*¡Buenos días!*

—Good morning!

Recepcionista:

—*¡Buenos días, señor! Bienvenidos al hotel.*

—Good morning, sir! Welcome to the hotel.

—*¿Puedo ayudarle?*

—May I help you?

Ricardo:

—*Sí, mi nombre es Ricardo Pérez.*

—Yes, my name is Ricardo Pérez.

—*Tengo reservada una habitación para dos personas.*

—I have a reservation for two.

Recepcionista:

—*Déjeme ver. ¿Me podría repetir su nombre, por favor?*

—Let me see. Could you repeat your name, please?

Ricardo:

—*Por supuesto, sin problema.*

—Of course, no problem.

—*Me llamo Ricardo Pérez.*

—My name is Ricardo Pérez.

Recepcionista:

—*Ricardo Pérez, dice.*

—Ricardo Pérez, you say.

—*Lo siento, no hay ninguna habitación reservada a ese nombre.*

—I'm sorry, there is no room reserved for that name.

Ricardo:

—*¿Cómo es posible?*

—How is it posible?

—*Lo reservé por internet.*

—I booked it on internet.

Recepcionista:

—*¿Hace cuánto tiempo que hizo la reserva?*

—How long ago did you make the reservation?

Ricardo:

—*Hace un mes poco más o menos.*

—About a month ago.

—*Tengo el resguardo en mi maleta.*

—I have the receipt in my suitcase.

—*Deme un segundo. Abro la maleta y se lo enseño.*

—Give me a second. I open the suitcase and show it to you.

Recepcionista:

—*Sí, por favor.*

—Yes, please.

Ricardo:

—*La reserva la hice el 5 de junio.*

—I booked the 5th of June.

Recepcionista:

—*Un segundo. Sí, aquí está. Estaba mal escrito el apellido.*

—Just a second. Yes, here it is. The last name was misspelled.

Ana:

—*¿Está todo en orden?*

—Is everything okay?

Recepcionista:

—*Sí, señora. Todo está correcto.*

—Yes, ma'am. Everything is correct.

—*Disculpen las molestias.*

—Sorry for the inconvenience.

—*¿Si son tan amables de darme sus pasaportes?*

—If you are so kind to give me your passports?

Ricardo:

—*Por supuesto.*

—Of course.

Recepcionista:

—Rellenen el formulario de registro, por favor.

—Fill out the registration form, please.

Ricardo:

—¿La habitación tiene cama de matrimonio?

—Does the room have a double bed?

Recepcionista:

—No, es una habitación con dos camas.

—No, it's one bedroom with twin beds.

Ricardo:

—¿Podrían cambiarnos de habitación?

—Could you change our room?

Recepcionista:
—*Déjeme ver. Hay una habitación disponible.*
—Let me see. There is a room available.

—*Tiene cama de matrimonio, balcón, aire acondicionado, bañera con jacuzzi e internet gratis.*
—It has double bed, balcony, air conditioning, bath tub with jacuzzi and free internet.

Ricardo:
—*¡Genial!*
—Great!

Recepcionista:

—*El gimnasio está en la primera planta.*

—The gym is on the first floor.

—*El restaurante está al fondo del pasillo a la derecha.*

—The restaurant is at the end of the corridor on the right.

—*El desayuno es de siete a nueve de la mañana.*

—Breakfast is from seven to nine in the morning.

—*La comida es de doce de la mañana a tres de la tarde. No se sirven cenas.*

—Lunch is from twelve in the morning to three in the evening. Dinner is not served.

Ricardo:

—*¿Hay servicio de lavandería?*

—Is there a laundry service?

Recepcionista:

—*Sí, señor.*

—Yes, sir.

Ricardo:

—*De acuerdo, muy amable.*

—Okay, it's very kind of you.

Recepcionista:

—*Aquí están sus llaves.*

—Here are your keys.

—*La habitación es la número ciento veinticuatro.*

—The room number is one hundred and twenty-four.

—**Ya tienen su equipaje en la habitación.**

—You already have your luggage in the room.

Ricardo y Ana:

—*Muchas gracias.*

—Thank you so much.

Recepcionista:

—*De nada.*

—You're welcome.

FIN – THE END

Vocabulario – Vocabulary:

Aire acondicionado: Air conditioning

Amable: Kind

Balcón: Balcony

Bañera: Bathtub

Bienvenido: Welcome

Cama de matrimonio: Double bed / Full-sized bed

Equipaje: Luggage / Baggage

Fondo: Bottom

Formulario: Form

Lavandería: Laundry

Lo siento: I'm sorry

Maleta: Suitcase

Molestias: Inconveniences / Troubles

Ninguno/a: None / No

Nombre: Name

Pasillo: Corridor / Hallway

Por supuesto: Of course

Primera planta: First floor

Recepcionista: Receptionist

Registro: Registration

Reserva: Reservation

Resguardo: Receipt / Ticket

Verbos – Verbs:

Abrir: To open

Cambiar: To change

Dar: To give

Enseñar: To show

Escribir: To write

Estar correcto: To be correct

Estar en orden: To be okay

Llamarse: To call / name

Rellenar: To fill out

Repetir: To repeat

Reservar: To reserve

Servir: To serve

Ver: To see

Test de comprensión - Comprehension test:

1.- ¿Qué les pasa a Ana y a Ricardo cuando llegan al Hotel?

a) El recepcionista no encuentra su reserva.

b) La habitación no tiene bañera.

c) Tienen hambre.

2.- ¿Qué saca Ricardo de la maleta?

a) El pijama.

b) El recibo de la reserva.

c) Un sombrero.

3.- ¿En qué planta está la habitación de Ana y Ricardo?

a) En la segunda planta.

b) En la primera planta.

c) En el pasillo.

4.- ¿Cómo quiere Ricardo la cama de su habitación?

a) De matrimonio.

b) Con dos camas.

c) Individual.

5.- ¿A qué hora es la comida?

a) De diez a doce de la mañana.

b) De doce de la mañana a tres de la tarde.

c) De doce de la tarde a tres de la mañana.

6.- ¿A qué hora es la cena?

a) De doce de la mañana a tres de la tarde.

b) A las diez de la noche.

c) No se sirven cenas.

Soluciones – Solutions:

1.- A

2.- B

3.- B

4.- A

5.- B

6.- C

DIÁLOGO DOS

EN LA CONSULTA DEL MÉDICO.

IN THE DOCTOR'S OFFICE.

Ana no se encuentra bien y acude a la consulta del médico.

Ana doesn't feel well and she goes to the doctor's office.

Ana:

—*No me encuentro bien. Estoy enferma.*

—I don't feel well. I'm sick.

Ricardo:

—*¿Tienes fiebre?*

—You have a fever?

Ana:

—*Creo que sí.*

—I think so.

Ricardo:

—*Voy a recepción a preguntar por un médico.*

—I go to the reception to ask for a doctor.

Unos minutos después...

A few minutes later...

Ana:

—*¿Qué te han dicho?*

—What have they told you?

Ricardo:

—*Nos han cogido cita en la consulta del médico. Es aquí al lado.*

—They have made an appointment for us at the doctor's office. It's near here.

Ana:

—*¿A qué hora es la cita?*

—What time is the appointment?

Ricardo:

—*En media hora. ¿Puedes vestirte?*

—In half an hour. Can you get dressed?

Ana:

—*Sí, no te preocupes por eso.*

—Yes, I can. Don't worry about it.

Diez minutos más tarde...

Ten minutes later...

Ricardo:

—*¿Necesitas ayuda?*

—Do you need help?

Ana:

—*No, gracias. Ya estoy preparada.*

—No, thank you. I'm ready.

Ricardo:

—*De acuerdo, vamos. Ya me han explicado cómo llegar allí.*

—Ok, come on. They have already explained to me how to get there.

En la consulta del médico...

At the Doctor's office...

Enfermera:

—*Buenos días. ¿Cómo puedo ayudarles?*

—Good morning. How can I help you?

Ana:

—*Tengo un dolor de cabeza horrible y tos y moqueo nasal.*

—I have a horrible headache and cough and runny nose.

Enfermera:

—*¿Tiene cita?*

—Do you have an appointment?

Ana:

—*Sí. Mi nombre es Ana García. Han llamado desde el hotel.*

—Yes, I do. My name is Ana García. They have called from the hotel.

Enfermera:

—*En efecto, aquí está su cita. Sígame por aquí, por favor.*

—Indeed, here is your appointment. Follow me here, please.

Ana:

—*¿Puede entrar conmigo mi marido?*

—Can my husband come in with me?

Enfermera:

—*Por supuesto. Sin problema.*

—Of course. No problem.

Ricardo:

—*Gracias.*

—Thank you.

Enfermera:

—*No hay por qué darlas.*

—You are welcome.

Doctor:

—*Hola, Ana. Tomad asiento, por favor.*

—Hello, Ana. Take a seat, please.

—*Veo que tienes síntomas de tos, mocos y un fuerte dolor de cabeza.*

—I see you have symptoms of cough, mucus and a strong headache.

—*¿Cómo describirías el dolor?*

— How would you describe the pain?

Ana:

—E*s muy doloroso.*

—It is very painful.

Doctor:

—*De acuerdo. ¿Tienes algún otro síntoma? ¿Dolor de estómago, náuseas, vómitos, fiebre?*

—Okay. Do you have any other symptoms? Stomach ache, nausea, vomit, fever?

Ana:

—*Creo que tengo algo de fiebre.*

—I think I have some fever.

Doctor:

—*¿Produces flemas cuando toses?*

—Do you produce any phlegm when coughing?

Ana:

—*En absoluto. Es una tos seca.*

—Not at all. It's a dry cough.

Doctor:

—*¿Hace cuánto que te sientes así?*

—How long have you felt like this?

Ana:

—*Desde esta mañana. También tengo algo de diarrea.*

—Since this morning. I also have some diarrhea.

Doctor:

—*Déjame examinarte. Abre la boca y di: ahhhhh.*

—Let me examine you. Open your mouth and say: ahhhhh.

—*¿Fumas?*
—Do you smoke?

Ana:
—*No. Dejé de fumar hace dos años*.
—No, I don't. I quit smoking two years ago.

Doctor:
—*¿Tienes alguna alergía?*
—Do you have any allergies?

Ana:
—*No que yo sepa*.
—Not that I'm aware of.

Doctor:

—*Parece gripe. Toma paracetamol cada ocho horas para el malestar, bebe mucho líquido, agua y zumos, y descansa.*

—It seems a flu. Take paracetamol every eight hours for discomfort, drink plenty of fluids, water and juices, and rest.

—*Vuelve si no te sientes mejor en cuarenta y ocho horas.*

—Come back if you don't feel better in forty-eight hours.

Ana:

—*De acuerdo, lo haré. Gracias por todo.*

—Okay, I Will. Thank you for all.

Doctor:

—***De nada. Espero que te mejores pronto***

— You are welcome. I hope you feel better soon.

FIN – THE END

Vocabulario – Vocabulary:

Agua: Water

Al lado: Next to / Near

Alergia: Allergy

Boca: Mouth

Catarro: Cold

Cita: Appointment

Consulta del médico: Doctor's office

Dolor de cabeza: Head ache

Dolor de estómago: Stomach ache

Dolor: Pain

En efecto: Indeed

Enfermera: Nurse

Enfermo: Sick / Ill

Fiebre: Fever

Flemas: Phlegms

Fuerte: Strong

Gripe: Flu

Líquido: Fluid

Malestar: Discomfort

Marido: Husband

Mocos: Mucus

Moqueo nasal: Runny nose

Náuseas: Nausea

Síntomas: Symptom

Tos: Cough

Vómitos: Vomit

Zumo: Juice

Verbos – Verbs:

Acudir: To go to

Beber: To drink

Descansar: To rest

Describir: To describe

Encontrarse bien: To feel well

Examinar: To examinate

Explicar: To explain

Fumar: To smoke

Llegar: To arrive

Preguntar / Pedir: To ask for

Tomar asiento: To take a seat

Vestirse: To get dressed

Volver: To come back

Test de comprensión - Comprehension test:

1.- ¿Qué le pasa a Ana?

> a) No se encuentra bien.
>
> b) Le duele el brazo.
>
> c) Está contenta.

2.- ¿A dónde van Ana y Ricardo?

> a) Al parque de atracciones.
>
> b) A la consulta del médico.
>
> c) A comer una pizza.

3.- ¿Qué le duele a Ana?

> a) La cabeza.
>
> b) El estómago.
>
> c) La espalda.

4.- ¿Qué síntomas tiene Ana?

a) Dolor de cabeza.

b) Algo de diarrea.

c) a y b son correctas.

5.- ¿Qué enfermedad tiene Ana?

a) Un virus.

b) Catarro.

c) Gripe.

6.- ¿Qué le receta el médico a Ana?

a) Hacer bicicleta.

b) Beber alcohol.

c) Paracetamol y beber mucho líquido.

Soluciones – Solutions:

1.- A

2.- B

3.- A

4.- C

5.- C

6.- C

DIÁLOGO TRES

EN LA FARMACIA

IN THE PHARMACY

Después de ir al médico, Ana y Ricardo van a la farmacia a por medicamentos.

After going to the doctor, Ana and Ricardo go to the pharmacy for medication.

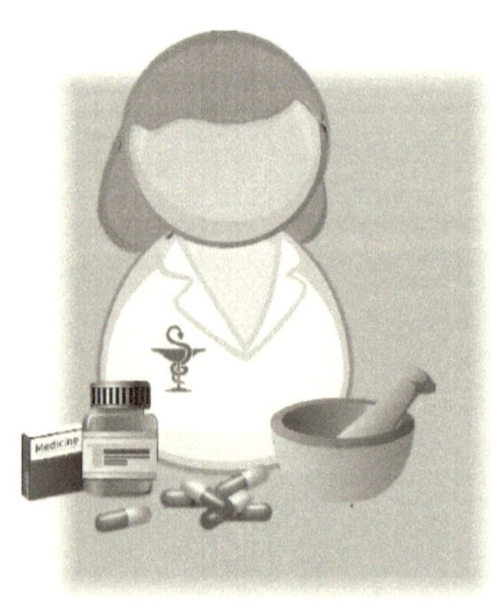

Ricardo:

—*Buenos días.*

—Good morning.

Farmacéutico:

—*¿Qué puedo hacer por usted, señor?*

—What can I do for you, sir?

Ricardo:

—*Quisiera recoger una prescripción médica.*

—I would like to pick up a prescription.

Farmacéutico:

—*De acuerdo. Deme la nota del doctor, por favor.*

—Alright. Give me the doctor's note, please.

Ricardo:

—*Aquí está. Necesitamos una caja de paracetamol para mi mujer.*
—Here it is. We need a paracetamol packet for my wife.

Farmacéutico:

—*¿Tiene un resfriado?*
—Do you have a cold?

Ana:

—*Tengo gripe.*
—I have the flu.

Farmacéutico:

—Este año hay mucha gente con gripe.

—This year there are a lot of people with the flu.

—¿Sabe cada cuánto tiempo tiene que tomar la medicina?

—Do you know how often you should take the medicine?

Ana:

—Sí. El médico me ha dicho que la tome cada ocho horas.

—Yes I do. The doctor has told me to take it every eight hours.

Farmacéutico:

—¿Prefiere sobres monodosis o pastillas?

—Do you prefer single dose packets or tablets?

Ana:

—Pastillas, por favor.

—Tablets, please.

Farmacéutico:

—¿Algo más?

—Anything else?

Ana:

—Sí, necesitamos un termómetro. Estamos en un hotel y no sé si tengo fiebre.

—Yes, we need a thermometer. We are in a hotel and I don't know if I have a fever.

Farmacéutico:

—Muy bien. Aquí están las píldoras y el termómetro. ¿Alguna otra cosa más?

—Okay. Here are the pills and the thermometer. Something else?

Ana:

—No, esto es todo. Gracias.

—No, this is all. Thank you.

Farmacéutico:

—*Recuerde beber líquido abundante y lavarse mucho las manos para no contagiar a nadie.*

—Remember to drink plenty of fluids and wash your hands a lot so as not to infect anyone.

—*Tome la medicina después de comer. Siempre con algo en el estómago.*

—Take the medicine after eating. Always with something in the stomach.

Ana:

—*Lo recordaré. ¿Puedo comprar un gel antiséptico para las manos?*

—I'll remember it. Can I buy an antiseptic hand gel?

Farmacéutico:

—Por supuesto, aunque lavar bien las manos con agua y jabón es suficiente.

—Of course, although washing your hands thoroughly with soap and water is enough.

Ana:

—Perfecto. ¿Y algo para el dolor de garganta?

—Perfect. And something for a sore throat?

Farmacéutico:

—Tenemos estas pastillas para chupar. Son muy buenas y no hace falta prescripción médica.

—We have these tablets to suck. They are very good and there is no need for medical prescription.

Ana:

—*Me las llevo también. ¿Cuánto es todo?*

—I take them too. How much is everything?

Farmacéutico:

—*Un momento, por favor. Ahora mismo se lo digo.*

—One moment, please. I tell you right now.

—*Son diez euros con cincuenta céntimos.*

—It's ten euros and fifty cents.

Ana:

—*Aquí está el dinero justo. Muchas gracias. Adiós.*

—Here's the right money. Thank you very much. Good bye.

FIN – THE END

Vocabulario – Vocabulary:

¿Algo más?: Anything else?

Farmacia: Pharmacy

Farmacéutico/a: Pharmacist

Prescripción: Prescription

Jabón: Soap

Medicamento: Medication

Medicina: Medicine

Caja: Box / Packet

Mujer (esposa): Wife

Resfriado: Cold

Gripe: Flu

Monodosis: Single dose

Gente: People

¿Cada cuánto tiempo?: How often?

Pastillas: Tablets

Píldoras: Pills

Termómetro: Thermometer

Antiséptico: Antiseptic

Aunque: Although

Suficiente: Enough

Dolor de garganta: Sore throat

¿Cuánto es todo?: How much is everything?

Verbos – Verbs:

Recoger: To pick up

Necesitar: To need

Tomar: To take

Preferir: To prefer

Recordar: To remember

Contagiar: To infect

Lavar: To wash

Tener fiebre: To have a fever

Chupar: To suck

Test de comprensión - Comprehension test:

1.- ¿Qué va a recoger Ana a la farmacia?

    a) Un dolor.

    b) Un medicamento.

    c) Un sobre monodosis.

2.- ¿Con qué frecuencia tiene que tomar Ana la medicina?

    a) Cada 8 horas.

    b) Todas las mañanas.

    c) Una pastilla por la mañana y otra por la noche.

3.- ¿Qué compra Ana en la farmacia además de Paracetamol?

a) Un anemómetro.

b) Un termómetro.

c) Un metro.

4.- ¿Por qué tiene que chupar Ana unas pastillas?

a) Porque le duele la espalda.

b) Porque le duele la cabeza.

c) Porque le duele la garganta.

5.- ¿Con qué se tiene que lavar Ana las manos?

a) Con agua.

b) Con jabón.

c) a y b son correctas.

6.- ¿Cuánto le cuestan a Ana las medicinas?

a) Diez euros con cincuenta céntimos.

b) Dos euros.

c) Dos euros con cincuenta céntimos.

Soluciones – Solutions:

1.- B

2.- A

3.- B

4.- C

5.- C

6.- A

DIÁLOGO CUATRO

EN EL SUPERMERCADO

IN THE SUPERMARKET

Ana vuelve al hotel y Ricardo va a comprar agua y zumos al supermercado.

Ana returns to the hotel and Ricardo goes to buy water and juices at the supermarket.

Ana:

—*¿Dónde podemos comprar agua y zumos?*

—Where can we buy water and some juices?

Ricardo:

—*Frente al hotel hay un supermercado. Podríamos ir allí.*

—In front of the hotel there is a supermarket. We could go there.

—*Si quieres, voy yo. Tú vete al hotel a descansar.*

—If you want, I go. You go to the hotel to rest.

Ana:

—¿No te importa?

—Do not care?

Ricardo:

*—Por supuesto que no. Es mejor que
tú te metas en la cama.*

—Of course not. You better get into bed.

Ana:

*—Sí, será mejor. Estoy muy cansada
y me duele todo el cuerpo.*

—Yes, it will be better. I'm very tired
and my whole body hurts.

—¿Tienes tu llave de la habitación?

—Do you have your room key?

Ricardo:

—*Sí, no te preocupes. Tengo mi llave. Enseguida estoy de vuelta en el hotel.*

—Yes, do not worry. I have my key. I'll be right back at the hotel.

Ana:

—*Vale, te veo luego.*

—Ok, see you later.

Ana se dirige al hotel y Ricardo entra en el supermercado...

Ana goes to the hotel and Ricardo enters the supermarket ...

Ricardo:

—*Buenos días. ¿Podría decirme dónde están las bebidas?*

—Good Morning. Could you tell me where the drinks are?

Dependienta:

—*Claro, sin problema. Están en el segundo pasillo de la derecha, entre los cafés y los aperitivos.*

—Of course, no problem. They are in the second aisle on the right, between coffees and snacks.

—*Si no las encuentra, dígamelo.*

—If you can't find them, tell me.

Ricardo:

—*Muchas gracias. Creo que las encontraré sin problema, solo necesito una botella de agua y zumos.*

—Thank you so much. I think I will find them without problem, I just need a bottle of water and juices.

—*Mi mujer está enferma, con gripe y debe beber líquidos.*

—My wife is ill, with the flu and must drink fluids.

Dependienta:

—*Vaya, qué fastidio. Espero que se recupere pronto.*

—Wow, what annoyance. I hope she gets better soon.

Ricardo:

—*Sí, yo también lo espero. Gracias.*

—Yes, I hope so too. Thanks.

Dependienta:

—*Tenemos zumo de piña, de melocotón, de naranja y de uva.*

—We have pineapple, peach, orange and grape juice.

—*¿Cuál prefiere?*

—Which would you prefer?

Ricardo:

—*Compraré el zumo de piña, es su favorito.*

—I will buy the pineapple juice, it is her favorite.

Dependienta:

—*A mí me gusta más el de naranja, pero recién exprimido.*

—I like the orange one more, but freshly squeezed.

Ricardo:

—*A mí también.*

—Me too.

—*En realidad no me gusta el zumo de piña, lo odio.*

—I don't really like pineapple juice, I
hate it.

Dependienta:

—*A mí tampoco.*

—Me neither.

*Ricardo mete una botella de agua y
cuatro cartones de zumo en el carro
de la compra.*

Ricardo puts a bottle of water and four
cartons of juice into the shopping cart.

Ricardo:

—*Esto es todo. ¿Cuánto le debo?*

—This is all. How much do I owe you.

Dependienta:

—*Eso son seis euros con treinta céntimos.*

—That's six euros and thirty cents.

Ricardo:

—*Aquí tiene.*

—Here you are.

Dependienta:

—*Perfecto. Y aquí está su cambio y su recibo.*

—Perfect. And here is your change and receipt.

Ricardo:

—*¿Podría darme una bolsa, por favor?*

—Could you give me a bag, please?

Dependienta:

—*Sí, por supuesto. Que tenga un buen día.*

—Yes, of course. Have a nice day.

Ricardo:

—*Lo mismo. Hasta pronto.*

—You too. See you soon.

Dependienta:

—*Gracias por venir y saludos para su esposa.*

—Thanks for coming and regards for your wife.

Ricardo:

—*Gracias, se los daré.*

—Thanks, I will give it to her.

FIN – THE END

Vocabulario – Vocabulary:

¿Cuál prefiere?: Which would you prefer?

¿Cuánto le debo?: How much I owe you?

¿No te importa?: Do not care?

A mí también: Mee too

A mí tampoco: Me neither

Aperitivo: Snack

Bebidas: Drinks

Bolsa: Bag

Botella: Bottle

Café: Coffee

Cambio: Change

Carro de la compra: Shopping cart

Derecha: Right

Fastidio: Annoyance

Izquierda: Left

Llave: Key

Melocotón: Peach

Mientras: While

Naranja: Orange

Pasillo (supermercado): Aisle

Piña: Pineapple

Recibo: Receipt

Recién exprimido: Freshly squeezed

Sin: Without

Supermercado: Supermarket

Te veo luego: See you later

Uva: Grape

Zumo: Juice

Verbos – Verbs:

Creer / pensar: To think

Decir: To tell / To say

Descansar: To rest

Dirigirse / ir: To go

Doler: To hurt

Encontrar: To find

Esperar (tener esperanza): To hope

Estar de vuelta / volver: To be back

Frambuesa: Raspberry

Fresa: Strawberry

Gustar: To like

Meter: To put

Meterse en la cama: To get into bed

No gustar: To dislike

Odiar: To hate

Preocuparse: To worry

Recuperarse: To get better

1.- ¿Quién va al supermercado?

    a) Ana.

    b) Ricardo.

    c) Ana y Ricardo.

2.- ¿Dónde están las bebidas en el supermercado?

    a) Al lado de los aperitivos.

    b) En el pasillo de la izquierda.

    c) Entre el café y los aperitivos.

3.- ¿Dónde está Ana mientras Ricardo hace la compra?

    a) En el cine.

b) En el médico.

c) En el hotel.

4.- ¿Qué compra Ricardo en el supermercado?

a) Agua.

b) Zumo de naranja.

c) Cerveza.

5.- ¿Qué sabores de zumos le dice la dependienta que hay?

a) De naranja, uva y fresa.

b) De naranja, piña, uva y melocotón.

c) De naranja, piña, uva y frambuesa.

6.- ¿Cuál es el sabor favorito de Ana?

    a) Naranja.

    b) Uva.

    c) Piña.

Soluciones – Solutions:

1.- B

2.- C

3.- C

4.- A

5.- B

6.- C

DIÁLOGO CINCO

EN EL AEROPUERTO

AT THE AIRPORT

Ricardo y Ana terminan sus vacaciones y vuelven a casa.

Ricardo and Ana finish their vacations and return home.

Ana:

—*Hay una cola enorme para facturar el equipaje.*

—There is such a long queue to check luggage.

Ricardo:

—*Tranquila, va rápido. No tendremos que esperar mucho.*

—Don't worry, go fast. We won't have to wait long.

Azafata de tierra:

—*Buenas tardes*

—Good afternoon

—*¿Puedo ver sus pasaportes?*

—Can I see your passports?

Ana:

—*Por supuesto, aquí están.*

—Of course, here they are.

Azafata de tierra:

—*Gracias. ¿Cuántas maletas van a facturar?*

—Thank you. How many suitcases will you be checking in?

Ana:

—*Solo una maleta cada uno.*

—Just one suitcase each.

—*Llevaré la mochila conmigo.*

—I will carry the backpack with me.

Azafata de tierra:

—¿Pueden poner las dos maletas en la balanza?

—Can you put the two suitcases on the scale?

Ana:

—Sí, claro.

—Yes, sure.

Azafata de tierra:

—¿Tienen algún ordenador?

—Do you have any computer?

Ana:

—Sí, llevo uno en la mochila.

—Yes, I carry one in my backpack.

Azafata de tierra:

—Deben enseñarlo en el control de pasaportes.

—You must show it in control passport.

—¿Prefieren ventana o pasillo?

—Would you prefer a window or aisle seat?

Ana:

—Ventana, por favor. Y los dos asientos juntos.

—Window, please. And the two seats together.

Azafata de tierra:

—De acuerdo. Será solo un momento.

—Okay, It will be just a moment.

—*Ya está. Aquí tienen sus tarjetas de embarque.*
—It is done. Here are your boarding passes.

—*Gracias por su paciencia.*
—Thank you for your patience.

Ana:

—*¿A qué hora embarcaremos?*
—Wath time will we be boarding?

Azafata de tierra:

—*El embarque comenzará a las siete y diez en la puerta B10.*

—Boarding will begin at ten past seven
at gate B10.

**—*Estén atentos a los paneles de
información.***
—Pay attention to the information
boards.

—*Que tengan un feliz vuelo.*
—Have a happy flight.

Ana:
—*Gracias. Muy amable.*
—Thanks. It's very kind of you.

***Ana y Ricardo van a pasar el
control de seguridad.***

Ana and Ricardo are going to pass the security check.

Vigilante de seguridad:
—Hola. Pongan sus cosas: relojes, cinturones, teléfonos, etc. en la bandeja, por favor.
—Hello. Put your stuff: watches, belts, phones, etc. in the tray, please.

—Y pongan su portátil en otra bandeja.
—And place your laptop in a separate tray.

—¿Llevan líquidos?
—Do you have any liquids?

Ana:

—*Solo esta botella de agua.*

—Only this bottle of water.

Vigilante de seguridad:

—*Lo siento, pero es de más de cien mililitros.*

—I'm sorry, but it is over a hundred milliliters.

—*Debe dejarla aquí.*

—You must leave it here.

Ana:

—*Vaya, lo había olvidado por completo.*

—Wow, I had completely forgotten.

Vigilante de seguridad:

—*No se preocupe.*

—Don't worry.

Mientras, Ricardo pasa por el arco de seguridad...

Meanwhile, Ricardo goes through the security arch...

Suena un pitido.

A beep sounds.

Vigilante de seguridad:

—*Póngase sobre las marcas del suelo y levante los brazos.*

—Stand on the marks on the floor and raise the arms.

—*Pueden continuar. Que tengan un buen viaje.*

—You can continue. Have a nice trip.

Ricardo:

—*Gracias.*

—Thank you.

Vigilante de seguridad:

—*No hay de qué.*

—You're welcome.

FIN – THE END

Vocabulario – Vocabulary:

Arco: Arch

Azafata de tierra: Ground attendant

Balanza / Peso: Scale

Bandeja: Tray

Brazo: Arm

Cada uno: Each

Cinturón: Belt

Cola: Queue

Control de seguridad: Security check

Cosas (objetos personales): Stuff

Equipaje: Luggage

Feliz: Happy

Juntos: Together

Mientras: Meanwhile

Mochila: Backpack

Ordenador: Computer

Paciencia: Patience

Panel: Board

Pasaporte: Passport

Pitido: Beep

Portátil: Laptop

Puerta (de embarque): Gate

Rápido: Fast

Reloj: Watch

Suelo: Floor

Tarjeta de embarque: Boarding pass

Teléfono: Phone

Vacaciones: Vacations / Holidays

Ventana: Window

Viaje: Trip / Travel

Vigilante de seguridad: Security guard

Vuelo: Flight

Verbos – Verbs:

Comenzar: To begin

Continuar: To continue

Deber (obligación): To must / to have to

Dejar: To leave

Embarcar: To board

Esperar: To wait

Estar atento: To pay attention

Facturar: To check in

Levantar: To raise

Olvidar: To forget

Poner / colocar: To put / to place

Sonar: To sound

Terminar: To finish

Test de comprensión - Comprehension test:

1.- ¿Cuántas maletas facturan Ana y Ricardo?

    a) Dos cada uno.

    b) Una cada uno.

    c) Tres en total.

2.- ¿Dónde llevan el portátil?

    a) En la mano.

    b) En la maleta.

    c) En la mochila.

3.- ¿Por qué para el vigilante de seguridad a Ana?

a) Porque lleva una botella de zumo.

b) Porque lleva una botella de agua de más de cien ml.

c) Porque lleva un sándwich de tomate.

4.- ¿Qué tipo de asiento elige Ana?

a) Pasillo.

b) Ventana.

c) Cabina.

5.- ¿A qué hora es el embarque?

a) A las siete menos diez.

b) A las siete más diez.

c) A las siete y diez.

6.- ¿Dónde tienen que poner sus relojes, cinturones y demás objetos personales?

    a) En la maleta.

    b) En la mochila.

    c) En la bandeja.

Soluciones – Solutions:

1.- B

2.- C

3.- B

4.- B

5.- C

6.- C

GRAMÁTICA
GRAMMAR

Adjetivos calificativos/Adjectives:

They are words that are used to describe something or someone.

They must agree with the noun (or pronoun) they describe in gender and in number. This means that if the noun that an adjective describes is masculine, the adjective must be masculine and if that same noun is also plural, the adjective will be masculine and plural as well. The same with feminine.

Adjectives that end in «o» in the masculine singular form have four possible endings: masculine singular «o», feminine singular «a», masculine plural «os» and feminine plural «as». These types of adjectives make up the majority of adjectives in Spanish.

- ➢ Masculine singular: El coche <u>nuevo</u>.
- ➢ Masculine plural: Los coches <u>nuevos</u>.

- ➢ Feminine singular: La casa <u>nueva</u>.
- ➢ Feminine plural: Las casas <u>nuevas</u>.

Adjectives usually go behind the noun.

- ➢ Los tomates <u>rojos</u> son los más sabrosos.
- ➢ Red tomatoes are the tastiest.

They can accompany the verb «ser» or a «noun».

- ➢ Esos pantalones son <u>horribles</u>.
- ➢ Those pants are horrible.

- ➢ Esos pantalones <u>horribles</u>.

➢ Those horrible pants.

When the adjective expresses a quantity it goes before the noun.

➢ Hay <u>muchos</u> coches.
➢ There are many cars.

Adjectives that end in "e" or "ista":

They do not change according to gender. They agree with both masculine and feminine nouns in the singular form, though they change for number.

➢ La casa <u>grande</u> es de mi abuelo.
➢ The big house is my grandfather's.

➢ El coche <u>grande</u> es de mi abuelo.
➢ The big car is my grandfather's.

- Las casas <u>grandes</u> son de mi abuelo.
- The big houses are my grandfather's.

- Los coches <u>grandes</u> son de mi abuelo.
- The big cars are my grandfather's.

- Mi abuelo es <u>realista</u>.
- My grandfather is realistic.

- Mi abuela es <u>realista</u>.
- My grandmother is realistic.

- Mis abuelos son <u>realistas</u>.
- My grandparents are realistic.

- Mi abuelo es realista.
- My grandfather is realistic.

- ➢ Mis abuelas son <u>realistas</u>.
- ➢ My grandmothers are realistic.

Adjectives that end in a consonant:

Most adjectives that end in a consonant do not change according to gender, but change for number adding «-es» to the singular ending.

- ➢ El coche azul.
- ➢ The blue car.

- ➢ La casa azul.
- ➢ The blue house.

- ➢ Los coches azules.
- ➢ Blue cars.

- ➢ Las casas azules.
- ➢ Blue houses.

Exception: For adjectives that end in «z» in the singular, change the «z» to a «c» before adding the plural ending «-es».

> ➢ María es <u>capaz</u> de hacerlo.
> ➢ María is able to do it.

> ➢ Nosotros somos <u>capaces</u> de hacerlo.
> ➢ We are able to do it.

Exception: Adjectives that end in «-or», «-ón», or «-ín» have feminine forms. Simply add «a» or «-as» to the masculine singular form and delete the written accent if necessary.

> ➢ Masculine singular: trabajador.
> ➢ Masculine plural: trabajadores.
> ➢ Feminine singular: trabajadora.
> ➢ Feminine plural: trabajadoras.

Exception: Adjectives ending in -erior do not have a feminine form.

> ➤ Masculine singular: exterior.
> ➤ Masculine plural: exteriores.
> ➤ Feminine singular: exterior.
> ➤ Feminine plural: exteriores.

PASATIEMPOS

PASTIME

<u>**Sopa de letras / Word search**</u>:

Days of the week in Spanish

```
V  C  D  N  A  H  O  G  Q  F  U  N  J  H  G
G  M  Q  C  W  F  S  I  Y  S  B  S  A  L  R
Y  N  O  S  Q  R  Z  P  J  K  D  N  X  S  D
Q  M  U  I  Q  Z  V  N  M  U  V  Z  A  V  U
P  B  J  D  C  V  I  E  R  N  E  S  K  J  S
K  U  H  V  O  A  O  I  A  L  J  V  T  N  H
D  Y  W  U  A  M  B  W  J  C  M  B  E  U  J
V  E  P  U  S  M  I  E  R  C  O  L  E  S  P
O  J  P  H  N  S  A  N  N  O  D  U  Y  A  J
J  C  Q  Y  B  M  T  R  G  U  P  K  J  B  I
O  S  T  A  E  Z  X  F  T  O  A  A  T  A  A
I  D  Q  S  V  Z  S  T  K  E  C  G  U  D  W
D  W  D  V  N  V  L  U  N  E  S  J  N  O  G
Y  K  B  D  C  W  E  D  Q  Z  R  N  S  M  V
Z  A  N  N  U  Z  L  Q  V  L  Y  O  J  F  M
```

Usa agujas y no cose.

Anda, pero no tiene pies.

Lo mismo le dan la una que, luego, le
dan las tres.

Siempre avanza hacia delante, nunca
del revés.

Soluciones / Solutions:

Sopa de letras / Word search:

Days of the week in Spanish

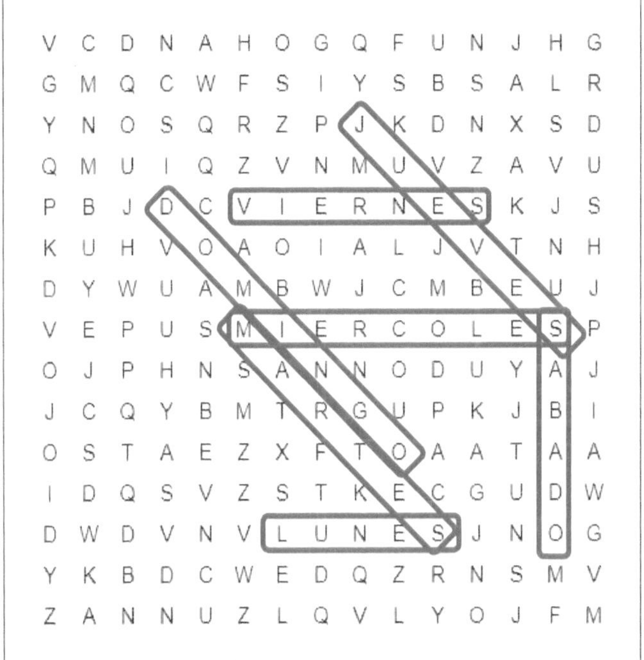

Adivinanza / Riddle:

El reloj

Link audio:

http://bit.ly/2uhadkZ

If you have any problems or suggestions, please contact us at the following email address:

learnspanishcollection@gmail.com

Números de la colección:

Volúmen 1

https://www.amazon.es/dialogues-Spanish-novices-beginners-Paralell-ebook/dp/B079P4RZ5W

Volúmen 2

https://amzn.to/2H6CMnl

www.ingramcontent.com/pod-product-compliance
Lightning Source LLC
Chambersburg PA
CBHW022146150726
47992CB00002B/784